GUADAGNARE SOLDI CON IL TUO CONTO INSTAGRAM PER IL 2019

OTTENERE MIGLIAIA DI SEGUACI REALI RAPIDAMENTE, GUADAGNARE SOLDI CON OGNI FOTO CHE CARICHI CON IL TUO ACCOUNT PERSONALE

Gaston Echevarria

Indice dei contenuti

Introduzione La realtà del mercato

Ogni mese, più di un miliardo di persone si connettono a Instagram, interagiscono con i contenuti e li pubblicano sulla piattaforma.

Lungi dall'essere una delle piattaforme di social media più visitate e spesso utilizzate, ancor più di Facebook, Instagram è diventata la piattaforma "primaria" per i seri imprenditori, inserzionisti e marketer che cercano di costruire il loro business online.

E anche se Instagram è gratuito al 100% per iniziare - e si può avere un nuovo account Instagram attivo e funzionante in meno di cinque minuti.

La verità è che la stragrande maggioranza degli imprenditori, degli inserzionisti e dei venditori non utilizza Instagram nel modo giusto per costruire la propria attività o creare il tipo di futuro finanziario che hanno sempre sognato.

Onestamente, la maggior parte del mercato Instagram è poco più di un "marketing tradizionale" applicato al mondo digitale - e questo non è più in grado di tagliare la senape.

No, se avete intenzione di far sì che il vostro marketing Instagram lasci il parco e lo trasformi davvero in un potente canale di marketing, dovete sapere esattamente cosa state facendo.

Oltre a ciò, dato che dovete affrontare

una concorrenza agguerrita e agguerrita,
dovete anche sfruttare il maggior numero
possibile di liste di controllo delle
scorciatoie per arrivare in cima il più
velocemente possibile.

Ecco alcuni suggerimenti e trucchi critici
in questa lista di controllo rapido che vi
aiuterà a fare esattamente questo.

Tuffiamoci dentro!

Quale strategia devo seguire?

La maggior parte delle persone eseguono il loro marketing direttamente dalle rotaie in un primo momento, senza nemmeno rendersi conto che tutto il loro marketing Instagram ed è stato costruito su una base di sabbia e non di cemento.

La maggior parte delle persone si limita a lanciare diversi approcci di marketing al muro Instagram e si aspetta qualcosa da attaccare, piuttosto che adottare un reale approccio sistematico e mirato per creare un marketing che ha davvero la possibilità di funzionare.

> ➤ *Ma non lo farai!*

Non lo farai, visto che stai leggendo questa lista di controllo rapido e seguendo tutti i consigli e i trucchi che potremmo condividere, avrai un vantaggio quasi sleale sulla concorrenza per creare un marketing veramente efficace che funziona davvero.

Sarete in grado di iniziare dall'inizio (dove è necessario creare quella base solida) e costruire da lì.

> ### *Identificate il vostro potenziale cliente perfetto*

La prima cosa che dovete fare (anche prima di creare un nuovo account Instagram) è creare un'immagine chiara e cristallina di chi è il vostro perfetto cliente potenziale.

Avete bisogno di sapere cosa sono più interessati ad ottenere da voi, cosa sono più interessati a vedere e interagire con Instagram, e i "bottoni caldi" che li costringono a passare da seguaci Instagram a clienti paganti il più velocemente possibile.

Una volta che avrete questo quadro chiaro e cristallino di chi è questo cliente perfetto, vorrete creare ciascuno dei pezzi di contenuto Instagram che create (così come qualsiasi altro pezzo di marketing che producete) per loro e solo per loro.

Molte persone commettono l'errore di cercare di essere tutto per tutti con il loro marketing Instagram, perdendo l'intero marchio e ottenendo zero follower invece di concentrarsi sulla loro nicchia specifica, ignorando la stragrande maggioranza delle persone che non sarebbero comunque diventate clienti.

➢ *Prendere grandi idee dai vostri concorrenti*

Dopo aver stabilito con fermezza l'immagine della vostra prospettiva perfetta, è il momento di andare a vedere i 15 o 20 migliori conti Instagram nel vostro settore, cercando davvero di farsi un'idea di ciò che stanno facendo in modo efficace nel vostro mercato.

Non c'è assolutamente alcun motivo per cercare di reinventare la ruota quando si tratta di marketing online, soprattutto quando i vostri concorrenti (i vostri concorrenti di successo, comunque) non solo vi hanno aperto la strada da seguire, ma hanno lasciato indizi molto facili da capire e copiare anche per voi.

Alcune persone si preoccupano un po' di "rubare" idee da contenuti concorrenti, ma voi vorrete superare questa situazione nel più breve tempo umanamente possibile.

Non stiamo suggerendo in alcun modo di strappare pezzi di contenuto fisico e passarli come se fossero tuoi, ma se ti trovi in una nicchia di attrezzature outdoor dove i tuoi migliori concorrenti pubblicano immagini della vita al campo all'alba e al tramonto, è meglio credere che stai facendo esattamente la stessa cosa o che perderai il tuo marchio con le tue prospettive ideali e perderai terreno a favore di questi concorrenti senza alcun motivo.

Questo vi aiuterà ad accelerare in modo significativo il vostro marketing dei contenuti Instagram, ma vi aiuterà anche a scivolare nel livello superiore degli account Instagram nel vostro settore quando si pubblicano gli stessi contenuti dei "big dogs".

➢ *Creare un calendario di content marketing*

Il calendario di content marketing è il differenziatore numero uno tra i venditori di ore amatoriali di Instagram e i social media seri ed esperti.

Vorrai sicuramente ritrovarti nell'ultimo gruppo.

Le aziende leader a livello mondiale hanno investito una quantità enorme di tempo, energie e sforzi per cercare di snellire e sistematizzare il più possibile il processo di acquisizione dei clienti.

E mentre queste grandi aziende multinazionali hanno bilanci molto più grandi di qualsiasi cosa che ognuno di noi può raccogliere, l'unica arma che possiamo copiare e utilizzare efficacemente è il calendario dei contenuti.

Lanciare la tua campagna di marketing con sei mesi (o meglio ancora un anno) di anticipo con un piano per ogni contenuto che pubblicherai in un giorno molto specifico e come parte di una campagna di marketing molto specifica ti dà un vantaggio quasi ingiusto sul resto della tua concorrenza.

Stabilendo la consapevolezza di dover creare contenuti per un lancio tre volte alla settimana, non solo si è in grado di creare quei messaggi in anticipo e prepararli per la prima serata, ma si è anche in grado di trovare il contenuto giusto da pubblicare in un dato momento per adattarsi a tutti gli altri approcci di marketing che si sta utilizzando.

Con un calendario di content marketing, si può lavorare su una campagna di San Valentino, ad esempio, a metà giugno, con contenuti da pubblicare su Instagram che va di pari passo con la campagna di San Valentino che si è svolta da fine gennaio a metà febbraio del prossimo anno.

Inoltre, è possibile iniziare ad automatizzare il marketing Instagram quando si adotta questo tipo di approccio.

Poiché hai tutti i tuoi contenuti creati e pronti all'uso, puoi quindi creare programmi di script o esternalizzare il lavoro di pubblicazione a qualcun altro, liberando il tuo tempo per concentrarti su altre attività di business ad alte prestazioni senza doverti preoccupare di come prepararti per preparare un approccio pubblicitario quel giorno.

Questo è un gioco che cambia le cose, e devi essere sicuro al 100% che lo stai facendo.

TUTTI nel vostro potere di sistematizzare, automatizzare e delegare la maggior parte del vostro lavoro.

Devi crescere il più velocemente possibile.

Crescita, crescita, crescita, crescita - Crescere il più grande e veloce possibile

La fase successiva, dopo aver gettato le basi e la commercializzazione di Instagram si concentra interamente sulla crescita del suo follow-up il più velocemente possibile.

Instagram fa un sacco di lavoro pesante per voi, aiutandovi a raccomandare il vostro conto Instagram ad altri automaticamente e anche promuovendo attivamente il vostro conto attraverso Instagram Day Postings, hashtag, ecc, ma volete davvero prendere possesso del vostro Instagram marketing fin dall'inizio per far crescere il vostro conto il più velocemente possibile.

Dopo tutto, il contenuto più grande del mondo, perfettamente adattato ai tuoi clienti ideali, non varrà NULLA a meno che tu non riceva gli occhi e la partecipazione attiva delle persone che hanno scelto di seguire il tuo account Instagram.

Senza inseguitori, tutti i vostri sforzi sono completamente sprecati - quindi dovete costruire quella pista da terra con una velocità fulminea.

Ecco alcuni suggerimenti rapidi per aiutarti a fare esattamente questo!

> ***Instagram Influencers***

Gli influencer di Instagram - i conti più frequentemente monitorati, impegnati e attivi nel vostro mercato o settore industriale - hanno la possibilità di aumentare qualsiasi conto con cui interagiscono regolarmente, così come qualsiasi conto che interagisce regolarmente con loro.

Devi fare tutto ciò che è in tuo potere per attirare l'attenzione di questi influencer Instagram nel tuo settore o mercato in modo che essi comincino a promuovere attivamente i contenuti che fornisci (e ti mostreremo un modo per farlo in un secondo) OPPURE devi cercare di "rubare loro tuono" il più possibile menzionandoli nei tuoi contenuti in modo che i tuoi follower comincino a prestare attenzione anche a te.

Il marketing di Instagram sta rapidamente diventando una sorta di corsa agli armamenti, con grandi clienti che pubblicano nuovi lavori all'ora invece di un aggiornamento giornaliero o addirittura settimanale.

I grandi conti - stiamo parlando di conti con centinaia di migliaia o addirittura milioni di seguaci - hanno bisogno di molta attività per stare al passo con i loro seguaci affamati, e questo significa che hanno bisogno di una quantità enorme di contenuti originali che hanno l'opportunità di condividere.

E' qui che entri in gioco tu, come "il piu' piccolo operatore".

Poiché non è necessario alimentare lo stesso tipo di bestia (ancora), ci si può permettere non solo di creare contenuti per il proprio account Instagram, ma anche contenuti per i principali influenzatori dell'account Instagram.

Creando contenuti che dai a queste persone influenti da condividere con i loro seguaci liberi al 100% (anche se con attribuzioni e tag che ritornano al tuo account), puoi fare loro un favore e servire le loro esigenze.

Questo tipo di conti sono molto lieti di stipulare questo tipo di accordi.

Ricevono molti contenuti gratuiti e di alta qualità che non devono lavorare sodo per creare, mantenere felici i loro fan e associarsi con i nuovi arrivati dalla stessa industria.

Potrai anche beneficiare dell'ulteriore esposizione che otterrai da questi conti Influenza Instagram - e prima che tu te ne accorga avrai una marea di seguaci che si tuffano a capofitto nel tuo conto, rendendoti anche un influencer!

I concorsi in instagram

Un altro grande approccio per far crescere rapidamente il vostro conto è quello di organizzare regolarmente concorsi in cui si danno effettivamente articoli o servizi di alta qualità nel vostro conto Instagram in cambio di più seguaci.

Si tratta di una tattica e di una tecnica di marketing provata, vera e sorprendentemente efficace che è stata utilizzata molto prima che Instagram fosse pensato.

Tutto quello che dovete fare è soddisfare la vostra parte dell'affare - in realtà, dare via qualsiasi prodotto o servizio che avete promesso - e vi costerà un po 'in anticipo, ma quando si monetizza attivamente il vostro conto Instagram, vi renderete conto che il ritorno sull'investimento ne vale la pena.

Più grande è l'oggetto, più eccitante è il servizio e più prezioso è il regalo, più azione otterrete e più seguaci potrete accumulare.

Se siete nella nicchia di golf, per esempio, regalando una manica di palline si sposta l'ago. Tuttavia, dare un viaggio a Pebble Beach vi farà nuotare in più seguaci di quanto si sappia cosa fare con loro.

Naturalmente, quel viaggio a Pebble Beach costerà molto di più di una manica di palline, ma, come accennato in precedenza, il ritorno sull'investimento ne varrà la pena.

Invece di raccogliere una manciata di seguaci per 12 dollari, potresti raccogliere 10.000 nuovi seguaci o più per 2000 dollari. L'impegno dovrebbe essere ovvio.

> ## *Creare canali multipli di monetizzazione con Instagram*

Alla fine della giornata, i nuovi seguaci non sono in contanti in banca a meno che non si inizi davvero a monetizzare i tuoi seguaci e il tuo conto Instagram.

Il modo più semplice per monetizzare il vostro conto Instagram è quello di utilizzare semplicemente il vostro conto Instagram e il contenuto Instagram come livello di ingresso al vostro imbuto di marketing.

Sarete in grado di spingere visitatori e follower sempre più a fondo nei vostri materiali di marketing, trasformando almeno alcuni di loro in clienti paganti - e questo ha un ritorno sull'investimento abbastanza ragionevole.

Naturalmente, ci sono altri modi per monetizzare il vostro conto Instagram - e anche se decidete di vendere i vostri prodotti e servizi, vorrete seguire alcune di queste strade per massimizzare la vostra influenza sui social media e creare molteplici fonti di reddito.

Per cominciare, potete cercare altre aziende del vostro settore - concorrenti o che offrono servizi complementari - e offrire loro "contenuti sponsorizzati".

Fondamentalmente, diventate un affiliato della vostra azienda e qualsiasi vendita che fate attraverso il vostro conto Instagram vi pagherà una commissione.

Questo è il numero di modelli "Instagram" che fanno i loro soldi online, pubblicando foto di se stessi e attrezzature di formazione o utilizzando i supplementi di formazione forniti da altre aziende e ottenendo una quota delle vendite degli affiliati che guidano.

Queste persone stanno facendo un reddito costante da questo tipo di marketing di affiliazione per conto proprio, quindi vale la pena indagare.

Ci sono molti modi per monetizzare Instagram, e speriamo che questa lista di controllo rapido ha gettato un po 'più luce sull'argomento per voi di andare avanti.

Adattamento

D'ora in poi, vi spiegherò direttamente gli argomenti di cui avete bisogno per massimizzare il vostro account Instagram. Cominciamo!

Se siete interessati a massimizzare i profitti e il fatturato, allora personalizzare il vostro prodotto è un ottimo modo per farlo. Ci sono diverse ragioni per cui questo è vitale per il vostro business. Ecco cinque motivi per cui dovresti farlo;

1.   L'attenzione al dettaglio ripaga

-

In questo caso, l'attenzione si concentra sui modi per far risaltare il vostro prodotto dalla folla. Non solo si distinguono per un logo e un marchio di classe, ma dimostrano anche che vi prendete cura del vostro prodotto. Questo vi spingerà a progettare tutto ciò che riguarda il vostro prodotto fino all'ultimo dettaglio che i clienti saranno in grado di vedere e farli desiderare di acquistare.

2. **_Capire i vostri clienti e le loro tendenze_**

Quando iniziate ad adattare il vostro prodotto, significa che state comprendendo le esigenze e i desideri dei vostri clienti. Se si conduce una ricerca su ciò che i clienti vogliono e lo si abbina alla propria linea di prodotti, allora il messaggio diventa molto potente. Produrre prodotti secondo le esigenze e le preferenze dei clienti non solo vi farà risparmiare denaro, ma aiuterà anche i vostri clienti a capire quanto si preoccupano e quanto siete socialmente responsabili.

3. *La personalizzazione aiuta a far risaltare un prodotto*

Adattare i vostri prodotti ha molti vantaggi e vi aiuta a distinguere i vostri prodotti e a differenziarvi dalla concorrenza. Se i vostri prodotti sembrano aver impiegato un po' di tempo per essere pianificati prima di raggiungere il mercato, allora è probabile che ciò che offrite manterrà un forte punto d'appoggio sul mercato, mantenendo la vostra attività in corso per gli anni a venire.

4. *Prevenzione della contraffazione*

Per vendere efficacemente il vostro prodotto, lasciate che i clienti lo sentano e giungano a una conclusione per se stessi piuttosto che esporlo a loro. Anziché recitare una lunga lista di vantaggi e caratteristiche, la sartoria personalizzata mostra il vostro servizio o prodotto in azione, rendendo il vostro prodotto interessante per una seconda occhiata.

Servizi di imballaggio completi

Adattando i vostri prodotti, avete anche il vantaggio di ricevere numerose offerte da altri fornitori di servizi correlati. Ad esempio, è possibile firmare un inventario gestito ricevendo la fattura in ritardo, o un inventario gestito per consentire di avere un inventario extra a cui si può accedere quando necessario e in qualsiasi momento. Questo servizio non solo libera spazio e fa risparmiare denaro, ma offre anche l'opportunità di concentrarsi su altre cose.

Inoltre, questi servizi offrono anche controlli gratuiti dell'imballaggio per garantire che il vostro imballaggio soddisfi le vostre esigenze, aiutandovi a ridurre i costi. Aiutano anche nel controllo delle scorte e migliorano l'efficienza, consentendo di andare avanti con la propria attività.

In generale, se non avete pensato di personalizzare il vostro prodotto, è il momento di iniziare a pensarci.

Hai un blog o un sito web?

Questa sezione è un po' più avanzata...... Ed è per le persone che hanno già un blog o un sito web, ma se non avete ancora nessuno di questi elementi, questo può servirvi molto più tardi.

(non preoccupatevi se non capite molto questa sezione, in breve, lo scopo di questo, è quello di portare i vostri seguaci di instagram, il vostro blog o sito web, per acquistare i vostri prodotti o noleggiare i vostri servizi).

Il tuo sito e blog è qualcosa di cui dovresti essere orgoglioso. Molto probabilmente avete investito il vostro denaro e tempo per renderlo un ottimo strumento per servire i vostri clienti e anche per generare potenziali clienti. Tuttavia, l'inserimento di link esterni al vostro sito è la migliore idea? I link possono tenere le persone lontane dal tuo sito o distrarle dalla lettura dei tuoi contenuti.

Non preoccupatevi, i link sono una pratica comune attesa e rispettata anche da tutti i tipi di utenti, per cui è improbabile che danneggi il vostro sito. Qui ci sono quattro vantaggi che puoi ottenere includendo link esterni ai tuoi siti o blog;

1. Rende il tuo blog o sito web una risorsa più preziosa e scalabile

-

Non importa quanto grande possa essere il tuo sito, non potrà mai contenere tutte le informazioni rilevanti o il valore che un utente potrebbe cercare. Pertanto, ha molto senso utilizzare la potenza dei link esterni per creare un percorso facile e scalabile per rendere la vostra esperienza di navigazione migliore e più gratificante. Questo non solo premia i marchi a cui vi siete collegati, ma dà anche al vostro sito l'opportunità di diventare una risorsa di riferimento.

2. I motori di ricerca sono inclini a premiare il comportamento in modo algoritmico
-

I motori di ricerca dedicano tempo ad analizzare lo spam. In questo modo, cercano collegamenti con segnali di qualità piuttosto che spam. Anche se vale certamente la pena di considerare i link che hai usato, i link che invii possono essere utili e utilizzabili allo stesso modo.

I siti con una bassa qualità del segnale generalmente si collegano al cestino in modo sostanziale rispetto ai siti con un'alta qualità del segnale. Queste reti di fiducia e valore possono essere utilizzate in modo algoritmico dai motori di ricerca per creare risultati di ricerca migliori. Utilizzare questo vantaggio e collegare a risorse che si conoscono i vostri utenti, così come i motori, ameranno.

4. I *collegamenti esterni incoraggiano il contributo e la partecipazione positivi*

Ci sono molte persone sul web che sono intelligenti, talentuose e molto impegnate che possono contribuire e rendere i loro sforzi di successo. Quando includi link esterni al tuo sito, specialmente in modo coerente e orientato alle opportunità, stai creando incentivi per i costruttori di siti web, i partecipanti al forum e altri utenti a impegnarsi per il tuo sito. Gli incentivi portano un valore che essenzialmente costruirà il vostro sito.

Ci sono molte buone ragioni per cui includere link esterni è adatto al vostro sito. Per massimizzare il tuo sito, considera questo come un suggerimento.

Strategie semplici ma potenti per aumentare i tuoi seguaci

Avere un grande Instagram follow-up può essere molto lucrativo per il marketing e la guida di traffico gratuito al tuo sito. Ma c'è molto di più di un semplice insieme di numeri. Il semplice fatto di avere molti seguaci non significa necessariamente nulla. La chiave è avere dei seguaci attivi - persone che non solo ti seguono, ma anche che amano e commentano i tuoi messaggi. Queste sono le persone a cui vuoi rivolgerti mentre aumenti il tuo pubblico.

Abbiamo tutti sentito parlare di persone che comprano seguaci Instagram, e anche se hanno un numero impressionante di decine e centinaia di migliaia, questi seguaci non significano nulla. Sono di natura puramente estetica. Non e' quello che stiamo cercando di fare. Vogliamo interagire con il nostro pubblico.

➢ *Sii coerente*

Ci sono alcune semplici cose che possiamo implementare per aiutare i nostri seguaci a crescere organicamente. Il primo è quello di pubblicare in modo coerente. Ciò significa che si desidera pubblicare una volta al giorno (o ogni due giorni, o due volte al giorno, trovare ciò che meglio si adatta alle proprie esigenze) e cercare di mantenerlo più o meno alla stessa ora ogni giorno. Ma non è tutto, significa anche che devi attenerti a un particolare argomento. Certo, è assolutamente possibile pubblicare una bella foto di paesaggio un giorno, e una foto da un gioco per computer al successivo, ma la cosa più vantaggiosa è quella di mantenere un tema per tutti i vostri messaggi.

➢ *Interagire con i vostri seguaci*

Hai la coerenza verso il basso, ed è fantastico, ma non finisce qui. Dovresti anche interagire con la comunità Instagram. Quando qualcuno commenta il tuo messaggio, prenditi il tempo di riconoscere quel commento, come se ti piacesse, e rispondi ad esso. Noterete una maggiore interazione con il tempo se prendete l'iniziativa di parlare con i vostri seguaci.

La loro interazione non si ferma ai loro posti. Dovreste anche trascorrere del tempo ogni giorno a sfogliare gli hashtag che sono rilevanti per le informazioni che condividete su Instagram. Mentre ti muovi all'interno del sito, è importante che tu continui a godere e commentare le pubblicazioni. Qual è il modo migliore per attirare persone sul tuo sito? Mostra un sincero apprezzamento per il tuo sito!

> ### *Ottenere seguaci rapidamente inseguendo e non seguendo*

Se stai cercando di accumulare rapidamente un gran numero di seguaci, c'è una strategia abbastanza semplice e semplice da seguire che ha dimostrato il suo valore più e più volte. Questo richiede di trovare pagine con grandi seguaci che hanno un contenuto simile al tuo. Poi, oltre a seguire le regole di base della pubblicazione coerente all'interno del tuo argomento, e mantenendo una costante interazione con i tuoi seguaci e con la comunità in generale, andrai alla pagina di tua scelta e ne seguirai i seguaci. In genere, si desidera continuare tra i 25 e i

35 anni in una singola sessione. Allora dovresti dare loro il tempo di seguirti di nuovo. Se vuoi aumentare le tue possibilità di ottenere un seguace in cambio, puoi piacerti e commentare alcune delle loro voci quando le segui. Dopo aver dato loro il tempo di seguirti, dispiegherai tutta la pagina che hai seguito prima. Poi basta risciacquare e ripetere, e scoprirete che il numero di seguaci aumenta rapidamente con seguaci reali e di qualità.

La crescita del vostro Instagram tracking può essere molto importante per scopi commerciali. Se si seguono le regole di base, si pubblicano contenuti di alta qualità e si è disposti ad investire tempo e lavoro, si può facilmente notare un aumento di follower quasi immediato.

Attrazione in Instagram

Le statistiche indicano che Instagram è uno dei siti di social media più popolari al mondo, con almeno 300 milioni di utenti attivi al giorno. Contribuiscono a più di 40 miliardi di immagini condivise sulla piattaforma fino ad oggi. Queste cifre hanno fatto di Instagram il sito di riferimento per gli imprenditori che vogliono far crescere il proprio business.

Tuttavia, molte persone hanno usato Instagram in modo errato, con conseguente trazione lenta. Alcune delle personalità di spicco di Instagram sanno che il segreto per vincere la trazione è l'organizzazione di concorsi ed estrazioni per vincere l'attrazione.

➢ *Concorsi*
-

I concorsi sono uno dei modi provati per ottenere l'attrazione, che ti dà l'opportunità di essere apertamente creativo con i tuoi contenuti il più possibile. Ci sono diversi tipi di concorsi che puoi organizzare, come ad esempio

Commento quiz: - Se l'obiettivo principale è quello di generare feedback sui vostri prodotti o servizi e aumentare l'impegno successivo, i concorsi di commenti sono la via da seguire. Basta caricare una foto e chiedere ai tuoi seguaci di commentare il post per avere la possibilità di vincere il premio. Chiedi sempre ai tuoi seguaci di taggare gli altri utenti.

Concorso fotografico: - Chiedi agli utenti di pubblicare una foto sul proprio account personale e di utilizzare un hashtag a loro scelta - questo ti aiuterà a trovare i biglietti per scegliere il vincitore. Per assicurare l'attrazione e il desiderio, chiedete ai vostri seguaci e fan di pubblicare creativamente le loro foto utilizzando il vostro prodotto e/o servizio.

Questo tipo di concorso può anche includere la richiesta ai tuoi fan di pubblicare uno dei tuoi post per avere la possibilità di vincere.

> *Regali*

Lo scopo del concorso è quello di attrarre i fan giusti, e il modo migliore per trovare quegli utenti è quello di offrire regali che sono rilevanti per il vostro marchio e i vostri fan. I giusti tipi di regali sono quelli legati al vostro marchio, per portare il giusto tipo di interazione.

Basta dare le regole nella sezione sottotitoli o fornire un link al tuo sito web con una landing page che fornisce tutte le regole per vincere il sorteggio. Questo ti permette di mantenere i tuoi messaggi brevi e dolci.

Si tratta di diffondere la notizia dei vostri concorsi e lotterie. Gli Hashtag sono il modo migliore per diffondere la parola e tenere traccia delle voci. Guarda i conti delle aziende leader nella tua nicchia e osserva il tipo di hashtag che stanno utilizzando. La giusta combinazione di hashtag aumenterà l'esposizione dei vostri concorsi e regali, portando più trazione.

Conclusione: La funzione video di Instagram

Il contenuto video di Instagram è diventato di recente sempre più popolare nei social media, ed è quindi estremamente vantaggioso per chiunque voglia commercializzare se stesso per fare uso di questa funzionalità. Questo cambiamento dimostra che sempre più aziende, piccole o grandi che siano, stanno iniziando a comunicare visivamente con i loro seguaci, clienti e fan.

La funzione video è una delle piattaforme più popolari che vi permetterà di sfruttare la potenza del marketing!

Con oltre 150 milioni di utenti,

Instagram è la migliore piattaforma da condividere. Consente di condividere non solo foto ma anche brevi video. Ci sono milioni e milioni di video condivisi quotidianamente, il che è una grande ragione per cui si dovrebbe usare questa piattaforma. Di seguito sono riportati alcuni dei principali vantaggi dell'utilizzo di questa funzione:

> ### *Maggiore impegno*

A differenza delle voci video su Twitter o Facebook, che a volte sono trascurati dagli utenti indipendentemente dalla loro qualità, i video Instagram sono raramente persi. Secondo uno studio di Forrester, i video di Instagram generano più impegno 58 volte rispetto a Facebook e 120 volte rispetto a Twitter. Avere un account Instagram con contenuti interessanti e utili può farti guadagnare uno con folli livelli di coinvolgimento con il pubblico.

➤ *Costruire personalità e fiducia*

Poiché i contenuti stanno diventando sempre più popolari, uno dei principali vantaggi dell'utilizzo della funzione video è che aiuta a costruire la fiducia. Le persone acquistano da persone di cui possono fidarsi, e la funzione video di Instagram vi aiuterà a creare quella connessione emotiva con il vostro pubblico. La cosa più importante è che questa funzione consente di condividere la propria esperienza quotidiana in modo informale e informale, dando a fan, fan e clienti un senso del business.

La condivisione delle attività dietro le quinte è stata identificata come un buon esempio per Instagram, soprattutto se si tratta di un fornitore di servizi. Questi video rendono l'azienda più affidabile e attraente, il che a sua volta ha un impatto positivo sul marketing dell'azienda.

> ## *Aumento del traffico*

Anche se non è possibile aggiungere link a video, sono ancora una fonte dominante di traffico. Inoltre, con livelli di coinvolgimento superiori a Twitter e Facebook, l'uso della funzione video può essere estremamente utile per la visibilità del tuo sito.

> ## *Ottenere un vantaggio competitivo*

La concorrenza su Instagram è ancora molto più bassa che su Twitter o Facebook. L'American Express Survey ha riferito che quasi il 2% delle piccole imprese stanno attualmente adottando la funzione video di Instagram e hanno guadagnato un vantaggio rispetto ai loro concorrenti. Pertanto, è chiaro che utilizzando la funzione video, è possibile raggiungere il pubblico target in modo più facile e veloce.

> ## *Pubblicità gratuita*

Si', esatto. Il bello dell'utilizzo della funzione video di Instagram è la pubblicità gratuita. Si possono mostrare i vostri servizi e prodotti in azione generando una grande esposizione. La funzione ti dà l'opportunità di mostrare ciò che stai offrendo.

Accetta la funzione video e sarai ricompensato!

Ora sì, vi auguro il meglio dei vostri risultati, e ricordate, tutto è pratico; la teoria senza azione non vi serve a nulla.

Un grande abbraccio, il tuo amico Gaston!

A proposito, quando si raggiungono i risultati a poco a poco, vi consiglio vivamente, se volete imparare molto di più sui metodi di guadagno, il mio libro, su "FARE MONEY CON IL VOSTRO PINTEREST ACCOUNT", è un libro che sono sicuro vi aiuterà molto sulla strada verso la "libertà finanziaria". Senza ulteriori indugi, potete trovarlo nel motore di ricerca di Amazon, come: "Fare soldi con il vostro account pinterest" o cercando il mio nome, come: "Gaston Echevarria".... Ancora una volta vi auguro di avere successo nei vostri risultati!